DISCOURS

SUR

LES AVANTAGES

OU LES DÉSAVANTAGES

QUI RÉSULTENT, POUR L'EUROPE,

DE LA DÉCOUVERTE DE L'AMÉRIQUE.

OBJET du Prix proposé par M. l'Abbé RAYNAL.

*PAR M. P***, Vice-Consul, à E***.*

Quid cenfes munera terræ ?
Quid, maris extremos Arabas ditantis & Indos ?
Hor. lib. 1. Epift. VI.

A LONDRES,

Et fe trouve à PARIS,

CHEZ PRAULT, IMPRIMEUR DU ROI,

quai des Auguftins, à l'Immortalité.

1787.

A V I S

DE L'ÉDITEUR.

L'OBJET du Prix proposé par M. l'Abbé Raynal est si vaste, et en même-tems si neuf et si piquant, qu'on n'a pas dû douter en pays étranger, et sur-tout en Amérique, qu'il n'excitât une grande émulation parmi les François, et que les meilleurs esprits, ou les talens les plus distingués, ne s'efforçassent de le mériter. Cette persuasion aura sans doute arrêté la plume de quelques personnes, qui prenant plus d'intérêt à la question en elle-même, qu'à leur propre gloire, se seront contentées de l'espérance de la voir bien discutée, et auront attendu l'effet du concours, soit pour applaudir aux Ouvrages auxquels il auroit donné naissance, dans le cas où ces Ouvrages auroient rempli leur attente; soit pour rectifier les erreurs et relever les fautes qu'elles auroient pu y trouver. Qu'elle a donc été leur surprise, lorsque les papiers publics leur ont appris qu'aucun Ouvrage n'avoit paru mériter la couronne, et qu'elle avoit encore été proposée pour l'année suivante ! C'est alors que l'intérêt de la chose même a dû triompher de la réserve ou de la paresse ; c'est alors que tout homme qui, par ses connoissances ou par sa situation, s'est trouvé en état d'écrire, a pensé qu'il pouvoit se présenter au combat, puisque la premiere ligue, composée sans doute, comme c'est l'ordinaire, des beaux esprits, plus pressés de briller que d'instruire, n'avoit pu décider la victoire. C'est ainsi que dans les légions romaines, les Triaires ou les Vétérans ne s'avançoient dans la mêlée, qu'après que la jeunesse qui combattoit dans les premiers rangs, avoit été repoussée. On verra que l'Auteur du Discours suivant, a été à portée de faire des observations qui ne pouvoient s'offrir à l'écrivain régnicole; on verra encore que, malgré la briéveté de son Discours et les formes oratoires auxquelles il a cru devoir se soumettre, il n'a pas craint d'entrer dans l'analyse la plus rigoureuse que son sujet pouvoit comporter ; puisqu'après avoir observé que la découverte de l'Amérique ne pouvoit être utile que par l'extension qu'elle donne au commerce étranger , il a jugé nécessaire de démontrer l'utilité du commerce en général , et de remonter pour la prouver, jusqu'à la nécessité d'un partage inégal dans la propriété qu'il fait dériver du droit même de la propriété. On ne peut disconvenir que , pour partir de ce point et trouver dans l'espace de 60 pages, à-peu-près, la conclusion demandée, après avoir considéré dans son chemin , tous les rapports politiques et moraux du nouveau monde avec l'ancien , il a été nécessaire d'écarter toute superfluité, et de mettre quelqu'ordre dans ses idées. Ce n'est

point à l'Éditeur a juger si cet Ouvrage auroit dû obtenir le Prix,
dans le cas où il auroit été envoyé
au concours ; mais étant suffisament
iustruit des intentions de l'Auteur,
et sachant que son objet étoit bien
moins de disputer une couronne,
que de traiter une belle question ;
il a pensé qu'il seroit plus convenable de prendre tout de suite le
Public pour arbitre, que d'exposer
l'Académie de Lyon au travail d'un
nouvel examen, lorsqu'elle croiroit
en être débarrassée, et qu'elle auroit peut-être déjà arrêté ses idées
sur quelqu'une des Pieces qui lui
ont été adressées. Telles sont les
raisons qui ont engagé à publier ce
Discours, dont on espere que la
lecture ne sera pas inutile aux Au-

teurs mêmes qui ayant travaillé pour le concours jugeront à propos de faire imprimer leurs Ouvrages.

DISCOURS.

DISCOURS

SUR

LES AVANTAGES

OU LES DÉSAVANTAGES

QUI RÉSULTENT, POUR L'EUROPE,

DE LA DÉCOUVERTE DE L'AMÉRIQUE.

Objet d'un Prix qui a été proposé par M. l'Abbé RAYNAL; mais pour lequel cet Ouvrage n'a pas concouru.

Un des plus illustres écrivains de notre siecle, un observateur, à la fois ingénieux et profond, qui n'ayant jamais eu d'autre objet que l'utilité publique, a dédaigné de la chercher dans de vaines spéculations, mais s'est appliqué à connoître, à décrire toutes les législations, tous les gouvernemens, afin de les éclairer & de les amé-

A

liorer , afin d'allier un jour , s'il étoit
possible, la politique à la philosophie, le
commerce à la politique , et le patriotisme
au commerce ; M. l'Abbé Raynal, enfin ,
car il vaut mieux pour sa gloire , le
nommer que de le dépeindre, M. l'Abbé
Raynal , après avoir rempli dignement la
noble tâche qu'il s'étoit imposée , après
avoir développé tous les rapports qui exis-
tent entre les différens Etats de l'Europe,
entre les différentes parties du monde,
semble se replier sur lui-même , et ne
rentrer dans le sanctuaire de sa propre
conscience, que pour y retrouver le doute
à la place des erreurs dont il a purgé la
terre. Sa pensée hardie et infatigable a
parcouru les deux hémisphères ; il a scruté
toutes les loix , pénétré dans tous les
Conseils ; il a présidé aux armemens, au
départ des flottes , et conduit leurs riches
chargemens jusques dans les magasins
destinés à les recevoir ; le Négociant n'a
pas craint de lui ouvrir ses livres, et de

le rendre confident de ses craintes et de ses espérances ; il a su tout ce qu'on peut apprendre, tout ce qu'on peut deviner, et cependant c'est encore un problême pour lui, si la découverte de l'Amérique a été utile ou nuisible à l'Europe : et comme dans une ame brûlante de zèle pour l'humanité, nulle pensée ne peut se fixer si elle n'est unie à un sentiment, il se hâte de demander, ou du soulagement pour nos maux, ou de l'augmentation dans notre bonheur ; il veut que si la découverte de l'Amérique a été nuisible, on s'efforce de diminuer les inconvéniens qui en résultent ; et que si, au contraire, elle a été utile, on en tire le plus grand parti possible. Quel est le Philosophe qui osera décider ce qui paroît douteux à l'illustre Auteur par qui le Prix est proposé ? Quels sont les arbitres qui jugeront ce qu'il n'a pas jugé ? Ce n'est, sans doute, qu'à moi seul qu'il faut appliquer cette réflexion si juste et si imposante ; mais je ne crains pas de le dire, l'importance du sujet, l'étendue des objets qu'il embrasse et des idées qu'il renferme, la néssiceté d'analyser ces idées pour remonter à des principes simples et évidens : tout ce travail, plus propre à fatiguer l'attention qu'à réveiller l'imagination, doit inspirer aussi quelqu'indulgence à mes juges. C'est de leur sagacité que j'attends le développement de ce que je ne ferai qu'indiquer ; et comme je cherche plutôt la vérité que le succès, je préfere encore leur secours à leur indulgence.

Commençons par un aveu qui ne paroît pas difficile à faire, mais qui nous entraînera cependant à quelques discussions dont le résultat servira de base à notre opinion. Quelqu'importante que paroisse la découverte de l'Amérique, quelqu'éclat qu'elle ait jetté sur le siècle dont elle a été l'ouvrage, quelque lumiere qu'elle ait répandue sur les siecles qui l'ont suivie, n'en doutons pas, elle ne peut avoir été utile à l'Europe, qu'autant qu'elle a étendu,

(5)

augmenté son commerce. Mais si le commerce n'étoit pas la source de la prospérité des nations ; si, au contraire, il tendoit sans cesse à troubler l'ordre de la société, à rompre l'équilibre des richesses & des jouissances, à diminuer la population, à exciter entre les Etats des rivalités, des haines interminables, il seroit inutile d'aller plus avant dans les recherches que nous nous sommes proposées ; une stérile admiration seroit le seul prix des travaux de l'immortel Colomb, et le laurier qui croît sur sa tombe, ne seroit arrosé que de nos larmes. Ainsi notre objet, si vaste par lui-même, semble encore s'aggrandir par la réflexion, et tout-à-coup ce nouveau problême se présente à notre pensée : *Le commerce est-il favorable ou contraire à la prospérité des nations ?*

Que ceux dont l'imagination plus riante qu'éclairée, se figurent des contrées suffisamment défendues par les mers ou par les fleuves ; où la terre féconde, toujours

prête à céder aux plus légeres solicitations,
fournit un aliment facile à des peuples qui
la cultivent en commun , ou la partagent
toujours également à mesure qu'ils viennent à se multiplier ; à des peuples qui
dans leur accroissement , n'ont jamais à
craindre ni la disette , ni les caprices des
élémens ; que ceux , dis-je , qui croyent
à toutes ces chimeres , révoquent en doute
l'utilité du commerce ; qu'ils s'attachent
même à le décrier et à le faire considérer
comme la perte des Etats , je le leur
pardonne volontiers , et je suis même tout
prêt à souscrire à leur jugement , pourvu
qu'ils réalisent les rêves que leurs illusions
ont produits : mais tant que l'histoire ou
l'observation me montreront , dans les
contrées de l'orient et du midi , la ferti-
lité du sol compensée par l'intempérie du
climat , ou par la molesse de ses habitans ,
la multiplication des hommes , par leur
lâcheté et par l'oppression qu'ils éprou-
vent ; et dans les contrées de l'occident et

du nord, la terre et les élémens plus rebelles, vaincus seulement par l'industrie, et l'industrie excitée par l'amour de la propriété et le desir des richesses, j'en conclurai que le commerce est utile aux nations, et que par-tout où il n'existe pas, ce n'est pas qu'il soit repoussé par la prospérité publique, mais parce qu'il se trouve au-delà des limites que la nature a prescrites à cette prospérité.

Eh ! pourquoi donner tant de latitude à nos idées, pourquoi recourir à de vaines spéculations ? Regardons autour de nous, prenons les choses comme elles sont ; ce qui est arrivé, sans doute, a dû arriver : d'ailleurs, il n'est pas tems de refaire le monde. Qu'y voyons-nous ? à l'exception des peuples chasseurs ou nomades, la propriété établie par-tout, la propriété considérée comme le principe de toute société, comme l'égide des peuples, comme la source du bien public. Or, quelles sont les limites du droit de propriété ? aucunes , que la contribution exigée pour la défense de l'Etat ; et il est aisé de prouver que c'est moins une limite de la propriété, qu'une dépense nécessaire à sa conservation. Ce droit si naturel, si précieux, ne se borne pas à la possession d'un terrein ou d'un mobilier quelconque, il s'étend au travail, à l'industrie; il ne consiste pas seulement dans la faculté de conserver, mais dans celle d'augmenter, d'acquérir. Celui qui, par son talent ou son labeur, a su se former un capital, quel qu'il soit, en seroit-il véritablement propriétaire, s'il ne pouvoit s'en servir pour acquérir ce qui est à sa convenance ? Et celui qui possede un champ, en aura-t-il la vraie propriété, s'il lui est interdit de le vendre ou de le convertir en toute autre valeur ? D'un autre côté, tout ce que le travail de l'homme rapporte au-delà du nécessaire, devient un capital, qui, par différentes progressions, le conduit à l'échange ou au commerce, & de là, à la richesse. S'il

a su dans sa récolte, se procurer un excé-
dent relativement à sa consommation ha-
bituelle , le blé qu'il a en magasin peut
être regardé comme un capital ; car l'année
d'après , n'ayant plus besoin d'en semer
pour se procurer sa subsistance, il peut
cultiver une vigne : si cette vigne lui
fournit au-delà de ses besoins , le travail
qu'il y employoit sera deftiné à cultiver
du chanvre ou toute autre production,
jusqu'à ce que le fruit de ce travail, ne
pouvant plus lui procurer de jouissance ,
soit destiné à payer celui d'autrui , & à
le faire jouir ainsi de ce qu'il n'auroit pu
obtenir de son propre labeur. Ainsi l'usage
libre de la propriété & de l'industrie conduit à la formation des capitaux, les capitaux à la nécessité des échanges , & les
échanges ne sont autre chose que le commerce. Or, comme l'usage de la propriété
ne peut être limité ; que de toute possession, de tout travail quelconque, peuvent sortir des capitaux, plus ou moins

considérables, et que de l'emploi de ces capitaux naissent les richesses qui tendent toujours à s'augmenter, il est démontré que l'inégalité dans les fortunes découle nécessairement de la propriété ; il est prouvé que, de même, qu'il existe des moyens d'augmenter les fortunes, il en existe aussi de les détériorer ; que si la prospérité invite à acheter, la pauvreté et la détresse obligent à vendre ; que c'est même un bien que les capitaux retournent sans cesse à l'Agriculture, et qu'autant qu'il est possible, la richesse soit unie à la propriété territoriale. Bien plus, l'obfervation toujours préférable à la spéculation, nous apprend que la plupart des Etats ont suivi une marche inverse de celle que plusieurs Philosophes leur ont supposée. Selon leur opinion, les progrès de l'Agriculture ont dû précéder ceux du commerce ; et, au contraire, il se trouve qu'ils n'ont eu lieu qu'après ces derniers. C'est que tout dépend des capitaux ; c'est

que l'expérience prouve que de quelque
source qu'ils viennent, c'est à leurs versemens qu'on doit le succès de toute
exploitation. Accoutumez-vous donc, Mo-
ralistes séveres, à cette inégalité de fortune dont vous gémissez, et ne la con-
sidérez plus comme une infirmité du corps
politique, qui doit amener sa destruction,
mais comme un de ces maux inévitables,
auxquels expose l'activité de la nature et
la vigueur de la constitution. En effet,
par-tout où le droit abusif de la conquête,
une féodalité barbare, un fifc avare et
tyrannique, n'auront pas voulu que de
vastes domaines soient possédés et souvent
négligés par un seul propriétaire, le commerce et l'industrie donneront naissance
à des propriétés, moins considérables,
moins ambitieuses, à la vérité, mais toujours très-disproportionnées. Que dis-je,
l'économie elle-même, l'économie à laquelle vous prodiguez vos éloges, aura
souvent augmenté la fortune héréditaire;

le pere de famille, le plus modeste, le plus vertueux, aura voulu assurer la subsistance de ses nombreux enfans, et la mort qui n'entre pas dans les calculs des hommes, en lui en enlevant la plus grande partie, aura fait de riches héritiers.

C'en est donc fait ; voilà la terre partagée entre un petit nombre d'individus, voilà la subsistance de cinq cens, de mille personnes au pouvoir d'une seule : quel sera le sort de ceux qui sont exclus de ce partage inégal ? Si c'est comme en Bohême, en Pologne, en Russie, où l'héritier d'un Sueve, d'un Vandale, d'un Scandinave, représente encore toute la barbarie du système féodal ; que le pauvre vienne aux pieds des tours de son château, lui offrir de défricher les landes où il se contente de faire paître ses nombreux troupeaux ; qu'il lui promette de lui remplir ses granges, à condition de se réserver quelques boisseaux de blé ; qu'il lui propose de conserver les bêtes sauvages, ou de l'aider à les prendre plus facilement ; qu'il obtienne, comme une grace, la permission de bâtir une cabane et d'y nourrir, s'il lui est possible, sa femme et ses enfans ; et qu'il espere, car la tyrannie à ses limites, et l'humanité reprend quelquefois ses droits, qu'il espere que dans des tems de disette, quelques légers secours lui seront accordés : c'est là tout ce qu'il peut prétendre, tout ce qu'il peut demander ; et à Dieu ne plaise que nous voulions consacrer cet état de choses, soit par l'usage qui l'a maintenu, soit par la prescription qui lui sert d'égide. Mais si c'est le commerce et l'industrie qui ont inégalement partagé leurs faveurs, et placé le pauvre laborieux à côté du riche, avide de jouissances, qu'il vienne, qu'il se présente, et qu'il dise : c'est moi seul qui peut donner une valeur réelle à tout ce que vous possédez. Que faites-vous de ces grains entassés dans vos greniers, de ces vins qui remplissent vos celliers ? donnez-moi un peu de tout cela,

et je vous apporterai ce qui vous manque.
Voulez-vous des alimens plus délicieux que
ceux dont vous êtes rassasiés? j'irai vous
les chercher : voulez-vous des meubles
plus agréables, plus commodes que ceux
que vous ont laissés vos peres? je vous les
fournirai : voulez-vous des plaisirs, des
amusemens ? je saurai vous en procurer.
A ce discours, le propriétaire s'éveille
comme d'un sommeil léthargique ; il ac-
cepte ces offres avantageuses ; il en fait
bientôt à son tour : ses passions augmentent
à proportion de ses jouïssances ; son goût
devenu plus délicat à mesure qu'il est plus
satisfait, le porte à defirer au-delà même
de ce qu'on peut lui donner ; et comme
il aspire toujours, il apperçoit bientôt la
limite de ses moyens, il rentre dans l'ordre de la nature, il connoît à son tour le
besoin : alors il tourne ses regards vers sa
propriété ; jadis elle lui donnoit trop,
maintenant elle ne lui donne pas assez : il
faut donc qu'il s'efforce de la rendre plus

productive. Eh ! pourquoi ne deviendroit-il pas à son tour industrieux, puisqu'il sait que de nouvelles jouissances seront le prix de ses efforts ? Ainsi le commerce restitue en quelque sorte l'équilibre de la société, et rétablit la circulation et l'activité dans tous les membres du corps politique.

Remarquez que dans le progrès des dépenses du propriétaire, c'est toujours son superflu qu'il échange ; de sorte que si pour ajouter à ses jouissances, il a perfectionné sa culture et augmenté ses revenus, c'est toujours un nouveau superflu qu'il s'est procuré. D'un autre côté, l'Artisan, l'Artiste même, cherche à augmenter le nombre des ouvrages qu'il met en vente, et son activité est d'autant plus soutenue, que la quantité de ses ouvrages, en diminuant leur valeur, l'éloigne toujours de la richesse à laquelle il aspire. Que résulte-t-il de cet effort mutuel, si non une augmentation de capital pour la nation, une richesse relative plus considérable ?

Prenons garde cependant de ne pas nous livrer à une illusion trop flatteufe, et gardons-nous de penser que dans ces rapports de besoins entre la propriété et l'industrie, la balance ne penche pas encore beaucoup du côté de la première. De même que dans ces ingénieuses machines qui divisent et mesurent le tems, certaines pièces de métal sont opposées à d'autres, afin que leurs dilatations se compensent mutuellement, et préviennent ainsi toute irrégularité dans leurs mouvemens ; de même dans le commerce, l'industrie en augmentant toujours semble restreindre les effets dont elle est productrice. Il existe, n'en doutons pas, une plus grande concurrence entre ceux qui proposent les produits de l'industrie, qu'entre ceux qui donnent en échange les fruits de la terre. Ces derniers ont presque toujours à choisir dans un nombre confidérable de marchands, et leur choix ne peut être décidé que par le bas prix qui leur

est

est offert. La maniere la plus sûre de vendre, est donc de vendre à meilleur marché qu'un autre ; et c'est ici que l'industrie aidée des capitaux, met tout à l'avantage du propriétaire. Quelques exemples nous épargneront bien des raisonnemens, et feront du moins un peu de diversion à la marche didactique que nous sommes obligés de suivre.

L'art de polir l'acier a été découvert ; bientôt on a trouvé que les ouvrages auxquels il étoit employé, réunissoient l'agrément à la solidité : tout le monde a voulu en faire usage. Alors un grand nombre d'ouvriers ont dû travailler à le préparer, et pour remplir cet objet, on n'avoit besoin que de quelques outils ; c'étoit tout le capital du fabricant. Un homme est venu, et a dit : en construisant des moulins, des machines hydrauliques, je ferai le double d'ouvrage avec la moitié moins de bras ; mais pour former cet établissement, il faut une avance de cent

B

mille écus ; le commerce a fourni ce capital, et les ouvrages d'acier sont devenus beaucoup plus communs et à meilleur marché, mais ils ont employé, ils ont fait vivre beaucoup moins d'ouvriers. Rien de plus commode, de plus utile que les épingles ; cependant, après de fréquens essais, de longues expériences, combien pourroit en faire dans un jour l'artisan le plus adroit? dix au plus. Formez des atteliers, distribuez les ouvrages, rassemblez les ouvriers, et chacun d'eux en fournira quarante-huit mille par jour. L'eau est d'un usage nécessaire pour le riche comme pour le pauvre, pour le palais le plus superbe comme pour la plus vile cabane ; dans une ville comme Paris, plus de quatre mille hommes robustes, plus de cinq cents voitures sont employées à ce service : l'industrie l'observe, et ne demande qu'une dépense de deux ou trois millions pour épargner les dix-neuf vingtiemes de ce travail : les pompes à feu

sont bientôt élevées, et nombre de malheureux restent sans emploi. Ainsi, tandis
que le pauvre s'efforce par toutes sortes de
moyens de recouvrer sa part dans la propriété, l'industrie aidée des capitaux, se
range du parti le plus fort, et ajoute à
l'indépendance du riche qui la soudoye.

A cette réflexion, le cœur se serre et
se flétrit ; l'ami de l'humanité ne peut
voir sans frémir le sort du plus grand
nombre de ses semblables, dépendre de
l'usage que les autres font de leur superflu ;
il détourne ses regards de ces contrées
florissantes, qu'il se reproche d'avoir ad-
mirées, et cherche à les porter sur ces
nouveaux établissemens où l'homme manque à la terre, et non la terre à l'homme ;
c'est là qu'il veut un moment reposer sa
pensée ; à-peu-près comme le Magistrat
fatigué des querelles dont il est le témoin
et l'arbitre, de retour dans ses foyers se
plaît à contempler l'innocence et la gaîté
de ses enfans, Mais que serviroit au Phi-

losophe d'arrêter ses regards sur une félicité fugitive et passagere ? essayons plutôt de calmer ses allarmes sur l'état permanent des sociétés ; annonçons tout de suite un remede aux fluctuations du commerce intérieur, et disons que ce remede n'est autre chose que le commerce étranger. C'est peu, en effet, que l'industrie puisse reclamer sa part dans la richesse du propriétaire régnicole : par-tout où il existe des terres, des alimens, elle peut y exercer ses droits ; elle ira chez le Russe, chez le Polonois, porter ses ouvrages, et leurs greniers lui seront ouverts. Que le propriétaire s'humilie à son tour ; car malgré l'étendue de ses domaines, qui le garantira des orages destructeurs, des longues sécheresses, des insectes dévorans, enfin de toutes les calamités qui désolent les campagnes ? dix années de suite, il sera dans la prospérité, et dix années de suite, il en abusera ; enfin viendra l'année désastrueuse, et la désolation qui commence par affliger ses regards, pénétrera bientôt jusques dans sa famille. Quel remede employer ? à qui peut-il avoir recours ? au commerce, qui ne connoît les fléaux que pour les calculer. Lorsque la Providence semble se cacher un moment, il se croit appellé à la remplacer ; il voit la disette, mais il sait où est l'abondance, et soit qu'il porte dans ses mains de quoi l'inviter au partage, soit qu'il se contente de lui promettre une juste récompense, il revient dans ses foyers porter l'aliment et la consolation.

Que le Philosophe severe ne craigne plus de se laisser éblouir par les riantes couleurs de ce tableau, presque magique. Plus il s'efforcera de nous ramener à l'analyse et à la discussion, plus nous serons sûrs de lui faire adopter notre opinion, plus nous lui persuaderons que si l'homme sans propriété ne peut subsister que par l'industrie, l'industrie à son tour, ne peut prospérer sans le commerce intérieur, et le commerce intérieur sans le commerce étranger. Qu'il me suive dans le fond des Provinces, qu'il visite une de ces petites villes éloignées des mers et des grandes rivieres, où les habitans ne semblent rassemblés que par le hasard, ou pour le seul avantage de vivre dans le même lieu; il n'y trouvera que précisément le nombre d'Ouvriers, de Marchands nécessaires à cette petite population ; et ces Ouvriers lui paroîtront pauvres, et il plaindra leur sort ; et moi j'observerai que n'ayant juste que l'emploi nécessaire, la moindre variation dans la dépense des habitans, peut les mettre à la gêne, et même les réduire à la misere. Poursuivons notre route; arrivons enfin dans quelque grande ville, telle que Paris, Lyon ou Marseille. Quelle quantité d'Ouvriers, de boutiques, de magasins de toute espece ! qui est-ce qui a engagé cet homme à entasser chez lui pour cent mille écus de drap, de velours, ou de toute autre étoffe précieuse? comment

a-t-il calculé qu'il y auroit un nombre
d'acheteurs proportionné à ces immenses
provisions, & que ces acheteurs vien-
droient chez lui, plutôt que chez son
concurrent ?.... D'où peut-il l'avoir apris?
de l'expérience qui lui a fait connoître
l'utile usage des capitaux, et avec quelle
certitude on peut les employer ; qui lui a
enseigné, depuis longtems, comment une
grande circulation balance les ventes et
les achats, et établit par-tout un juste
équilibre ?.... Eh bien ! ce qu'une ville
peuplée est à la petite bourgade sur laquelle
nous avons arrêté nos regards, le commerce étranger l'est au commerce intérieur : nulle prospérité pour un commerce
borné, nulle limite à celle d'un commerce
étendu ; non, le globe entier, par-tout
habité, par-tout civilisé, ne seroit pas trop
vaste pour ses spéculations ; et on deman-
dera encore si la découverte du nouveau
monde est avantageuse à l'ancien ?....

Dignes arbitres qui m'écoutiez avec une
B iv

attention que méritoit du moins l'objet de mes réflexions, si elles ont su vous inspirer assez d'intérêt pour fixer et attacher votre pensée, vous devez être étonnés au moment présent, de vous trouver placés tout-à-coup au centre d'une question dont j'avois paru jusqu'ici vous tenir éloignés ; mais si l'esprit préoccupé d'un objet que vous étiez pressés d'atteindre, vous n'avez senti, en me suivant dans la route où je me suis engagé, que l'impatience d'arriver et la crainte de vous égarer, je dois, à la vérité, m'excuser d'avoir abusé de votre attention, mais du moins j'éprouve la satisfaction de pouvoir désormais avancer avec plus de confiance, sûr de ne plus vous entretenir que de ce que vous voulez entendre. Mon dessein n'est pas cependant d'entrer ici dans une inutile énumération des avantages et des désavantages qui résultent de la découverte de l'Amérique ; ma première idée m'assiége encore, et je ne puis l'abandonner.

J'ai dit que l'industrie, si nécessaire aux hommes pour remédier à l'inégalité des fortunes et au défaut de propriété, ne pouvoit se maintenir dans un juste équilibre qu'à l'aide d'un commerce très-étendu, mais je n'ai pas assez développé les procédés de ce commerce. Je n'ai pas dit que quoiqu'il n'eût pour principe que l'échange du superflu, cet échange ne suffisoit pas encore pour maintenir l'activité du travail et assurer l'aliment des peuples. Observez, en effet, que la facilité de l'échange n'existe pas toujours en proportion du besoin de vendre et de celui d'acheter. Vous m'offrez des huiles, mais je n'en ai pas besoin ; des vins, mais ma provision n'est pas encore épuisée. Ce que vous me proposez n'a donc pas de valeur pour moi ; mais le commerce a depuis longtems introduit chez toutes les nations, des matieres toujours précieuses, toujours acceptables ; ce sont les métaux qui se convertissent en monnoie : dans tous les tems vous me trouverez prêt à échanger mes denrées contre ces valeurs, qui re-présentent, d'une maniere abstraite, tout ce que je pouvois desirer, à présent, dans un an, dans dix : si donc vos denrées ne me sont pas utiles, donnez-moi, ou seulement promettez-moi l'or ou l'argent qu'elles peuvent vous procurer ailleurs ; à ce prix, venez, abordez dans mes ports, vous ne vous en retournerez pas les mains vides. Ainsi l'industrie a tout prévu en formant des capitaux, en les réduisant en métaux précieux, en établis-sant le crédit qui supplée même à ces métaux, enfin en assurant à toutes les nations les secours mutuels qu'elles peuvent se préter..... Je me trompe, Messieurs ; non, les métaux eux-mêmes peuvent s'avilir et perdre leur valeur. Si telle est la nature de mon sol, qu'il les renferme dans son sein, ou celle de mon commerce qui me les procure par une balance avantageuse, la nation à laquelle je serai obligé de les porter toujours en échange, finiroit bientôt par me donner la loi. Plus je lui en porterois, plus ils perdroient de leur prix, et le calcul pourroit même fixer, dans l'avenir, l'époque où ils n'auroient presque plus de valeur : pourquoi ? c'est qu'ils ne sont jamais consommés, c'est qu'ils ne périssent pas, c'est qu'ils peuvent s'accumuler assez pour devenir communs et méprisables. Il n'en seroit pas de même d'une denrée privilégiée, d'une denrée qu'aucune nation européenne ne pourroit cultiver chez elle, et qui cependant, après avoir commencé par n'être qu'agréable, finiroit par devenir nécessaire ; cette denrée auroit tout le prix, feroit tout l'office de l'argent monnoyé, et cependant elle se détruiroit, elle se consommeroit tous les ans, et tous les ans la demande en seroit renouvellée. Tel est l'avantage des productions coloniales : le sucre et le café sont des denrées dont la consommation est presque générale et s'accroît tous les jours. Examinons les effets du nouveau commerce qu'elles ont introduit. Le Levant nous fournit des cotons et des soies pour nos manufactures, et des drogues pour la médecine et pour la teinture. Le Nord nous approvisionne de bois de construction, de chanvre, d'huile de poisson, et même quelquefois de blé ; qu'avez-vous à offrir en échange ? des vins, des eaux-de-vie ? mais ces contrées peuvent s'en fournir en Espagne, en Portugal : des ouvrages de vos manu-factures ? mais elle peuvent les imiter, elles peuvent, lorsqu'elles le jugent à propos, en limiter ou diminuer la consommation. Je suppose cependant que vous ayez un besoin pressant de leurs productions, quel appas leur présenterez-vous ? de l'or ou de l'argent ? Mais pour peu que cette ba-lance continue à leur être soldée, ces matieres deviendront communes parmi elles, et plus vous aurez à leur payer, plus cher vous les payerez. Au lieu de ces versemens ruineux ; présentez des denrées privilégiées, dont la valeur se soutienne toujours, dont la consommation fasse renaître le besoin, et vous aurez établi, fondé un commerce également avantageux pour celui qui donne et pour celui qui reçoit ; car le tems n'est plus où de vains préjugés sur le luxe et sur la richesse nous faisoient regarder une nation commerçante comme un rentier qui, possesseur d'un revenu fixe, ne peut se livrer à de nouvelles dépenses, sans qu'il retranche des anciennes. Telle est la nature du commerce, que le desir d'acheter donne naissance à de nouveaux moyens d'échange. Toute nation industrieuse qui s'affectionne à des productions étrangeres, augmente la culture de celles qui lui sont propres ; l'état respectif des peuples reste donc le même, et les jouissances seules sont multipliées. Ainsi les nations européennes qui possedent des colonies en Amérique, en ont retiré cet avantage inapréciable, qu'elles ont étendu leur commerce , qu'elles y ont fait entrer une marchandise privilégiée, qui est sûre de provoquer, d'animer tous les échanges , et qui remplissant à beaucoup d'égards les fonctions de l'or et de l'argent, ont encore la propriété de ne pas s'accumuler , de ne pas s'avilir ; et d'un autre côté , les nations qui n'ont point de colonies , en éprouvant de nouveaux desirs et de nouvelles jouissances , leur ont dû l'augmentation de leur agriculture individuelle et de leur activité intérieure.

Que si vous descendez de ces hautes spéculations, et que vous retourniez aux premiers principes qui ont déjà servi, et qui doivent toujours servir de base à nos opinions, je veux parler de la nécessité de faire vivre le pauvre aux dépens du propriétaire, vous verrez au premier coup-d'œil , qu'on ne peut trop multiplier les besoins et les passions de ce dernier. Eh ! quoi, dans vos vaines déclamations contre le luxe, vous voudriez proscrire la recherche

dans les boissons, dans les alimens; excluez donc aussi la recherche dans tous les
autres plaisirs, excluez les arts dont l'objet
est toujours de provoquer de nouvelles
dépenses, les beaux arts, sur-tout, qui
viennent soulager le propriétaire du poids
de ses richesses, et qui, en perfectionnant
ses facultés, attachent si bien ses desirs
et sa pensée, qu'ils lui font perdre bientôt
le sentiment de son pouvoir, et le mettent
à leur tour dans leur dépendance.

C'est une douce illusion de compter
sur la nature de l'homme, et de la croire
bonne en elle-même; mais qui pourroit
se fier au cœur du riche? L'homme puis-
sant, sans luxe, sans goût, sans desirs,
est le plus vil, le plus abject des tyrans.
Souffrez donc que ce grand possesseur de
fiefs, que ce Seigneur qui domine sur
toute une contrée, devienne un homme
sensuel et recherché dans ses jouissances;
car bientôt il trouvera l'emploi de ses
richesses, il n'aura plus de superflu, et

c'est le superflu qui donne le sentiment de l'indépendance , dont l'oppression et la tyrannie sont les funestes conséquences. Qu'il n'entasse donc plus les productions de son sol, pour les laisser périr ou les distribuer au gré de ses caprices, mais qu'il s'empresse de les échanger contre les denrées coloniales , ces nobles enfans du commerce et de l'industrie, qui ne connoissent pas d'autres maîtres , et qui semblent orgueilleux de n'être pas nés sous la verge de la féodalité.

Je m'arrête, et prévoyant de terribles objections, je ne veux pas perdre l'avantage de les prévenir. Coupables conquérans de cet hémisphère que le génie avoit découvert, et que le commerce seul auroit dû gouverner, pourquoi m'obligez-vous au triste calcul de vos atrocités? pourquoi me vois-je réduit à rassembler, à énumérer tous les moyens de prospérité dont vous avez été la cause involontaire, afin de compenser, s'il m'est possible, tous les

maux

maux que vous me faites déplorer. Ah !
si en approchant de la source fatale et
empoisonnée, la soif de l'or s'étoit mani-
festée par de nouveaux symptômes ; si
l'avarice, en se trouvant dans son propre
domaine, s'étoit montrée pour la premiere
fois dans toute sa difformité ; si la nature
pervertie, aux prises avec la nature brute
et encore dans son enfance, avoit donné
alors les premiers exemples de la tyrannie
et de la persécution, sans doute l'humanité
pleurant sur les suites funestes de ses plus
nobles efforts, auroit gardé le silence
jusqu'à l'époque précieuse, marquée par
les destins, pour l'expiation du nouveau
monde, jusqu'au tems à jamais mémo-
rable, où l'Amérique deviendroit le sanctuaire de la raison, de la liberté et de la
tolérance. Mais étoit-il donc besoin que
les Européens traversassent les mers pour
devenir injustes et sanguinaires? Rendrons-
nous la découverte de l'Amérique respon-
sable de tous les vices du siécle où le

hasard l'a placée ? N'est-ce pas dans ces tems malheureux, que les Maures et les Juifs éprouvoient en Epagne, la plus sanglante persécution ? N'est-ce pas alors que l'Italie étoit désolée par des tyrans domestiques et des brigands étrangers; que le despotisme et l'intolérance courboient sous un joug de fer le noble et antique empire des Germains ; que les échafauds étoient dressés chez l'Anglois et chez le Batave ; que le sang de l'étranger et du citoyen inondoit la France ; que le fanatisme et la superstition regnoient dans toute l'Europe ? Eh quoi ! si nous voyons des loups cruels descendre des montagnes pour dévorer d'innocens troupeaux, dirons-nous que ce sont les timides agneaux qui ont rendu les loups avides et sanguinaires? Qui sait même si, dans cette époque désastrueuse, dans cette espèce de crise que les maux de l'humanité parvenus à leur comble, avoient enfin amenée, il ne falloit pas qu'un nouvel ordre de choses eu fît trouver le remede ? Qui sait s'il n'étoit pas tems alors d'opposer l'industrie à la force, la richesse au pouvoir ? Je vois d'abord une grande leçon donnée aux Monarques ambitieux : Charles-quint, dont il faut envier la fortune et non pas le bonheur, étoit appellé à la monarchie universelle ; il sembloit que la destinée avoit aggrandi le monde au moment où il devoit en usurper l'empire. Quelle vaste étendue de domaines devint le partage de son successeur, et quelle force ne lui laissa-t-il pas pour la conserver ? Nulle autre ne lui étoit comparable, nulle ne pouvoit se mesurer avec lui ; mais les tems étoient venus où la force ne pouvoit plus décider du sort des empires ; la richesse étoit prête de s'emparer de la balance, et la richesse ne pouvoit être acquise que par les lumieres, l'activité et l'industrie, toutes filles de la raison et compagnes de la liberté. En vain Philippe II croyoit-il posséder les trésors de l'Asie et de l'Amérique ; les Anglois et les Hollandois surent bientôt s'en rendre maîtres. On ne pouvoit lui prendre ses citadelles d'Anvers et d'Ostende, mais on lui prenoit ses vaisseaux, et bientôt l'or de l'Espagne servit à dompter l'Espagne. La nature fatiguée de tant d'iniquités, éleva enfin sa voix, et dit aux tyrans : *Oppresseurs de la terre, du moins vous ne régnerez pas sur les mers.* Alors, et alors seulement s'établit cet équilibre qui depuis a coûté tant de sang, mais à qui nous devons les tems prospères où nous vivons.

Nous nous plaignons souvent des énormes dépenses qu'exigent de nos jours la protection du commerce et la conservation des Empires : aveugles que nous sommes ! nous ne voyons pas que les dépenses peuvent, doivent, tôt ou tard, se compenser, et que la force ne connoît pas d'équilibre : nous vivons parmi des tygres enchaînés, et nous regrettons ce que nous coûtent leurs gardiens. Ah ! puissions-nous ne revoir jamais ces tems

où le sort des nations dépendoit d'une
seule défaite, d'une seule victoire ! Puisse,
au contraire, l'Agriculture, l'industrie et
le commerce, toujours ennemis du despotisme et de l'intolérance, devenir l'unique
source de la prospérité, même apparente,
et confondant les intérêts du peuple avec
ceux du gouvernement, ne plus offrir
qu'un seul objet à l'ambition commune !...
Moderne Titus ! vous qui parcourez vos
Etats, comme le soleil visite notre terre,
répandant la sérénité et l'allegresse, et
marquant votre route par vos bienfaits,
souffrez qu'un des plus sinceres admira-
teurs de vos vertus, prétende ici diminuer quelques parties de votre gloire, pour
la faire partager au siécle dont vous êtes
l'ornement. Au tems des *Charles* et des
François, Louis XVI, exempt de toute
autre passion que celle de rendre son
peuple heureux, auroit-il su encore en
choisir les véritables moyens ? Vainqueur
d'un rival ambitieux, ne l'auroit-il pas été

C iij

à son tour ? Après avoir été armé par la justice, se seroit-il laissé désarmer par la modération ? se seroit-il contenté de faire de l'Amérique un asyle éternel de paix et de bonheur, et de décider ainsi, par sa magnanimité, la grande question qui fait l'objet de nos recherches ? Non, sans doute : pere de la patrie, il n'eût connu d'autres moyens de défendre ses enfans, que d'abattre leurs ennemis ; il eût fatigué la victoire avant d'interroger la politique ; il eût détruit Portsmouth, et n'eût pas construit Cherbourg.

A ce mot que je viens de prononcer, aux traits que je viens de rappeller, j'entends mille voix répondre par des acclamations ; et si je me défiois de l'opinion que j'ai embrassée, je pourrois me prévaloir des applaudissemens qui retentissent autour de moi ; car elle n'est pas étrangere au sentiment dont tous les cœurs sont animés : mais desirant seulement de la placer dans un jour suffisant pour l'éclairer, je n'ai pas besoin de tout l'éclat qui rejaillit sur elle ; je voudrois même, que rendue à toute la simplicité de la discussion , elle descendît de la hauteur où elle se trouve placée , pour pouvoir rencontrer l'objec-tion , et se mesurer avec elle par-tout où elle la trouveroit. Mais déjà je crois entendre celle-ci me retracer , non plus les malheurs du nouveau monde , mais la dépopulation de l'ancien ; à des jouissances peu néces-saires , et qu'il avoit longtems ignorées , elle oppose un fléau cruel , une maladie d'autant plus dangereuse , qu'elle a pour ministre la volupté, et qu'elle attaque l'hu-manité au moment où elle remplit le premier vœu de la nature , celui de la re-production. Enfin, avec tous les avantages non disputés d'un commerce étendu , je vois mettre en balance les dangers d'une longue et pénible navigation.

Je n'ai rien dissimulé , et j'espere ré-pondre à tout. D'abord la dépopulation de l'Espagne , la seule nation que cette objection puisse regarder, n'est pas due à la découverte de l'Amérique, mais à l'expulsion des Maures et des Juifs, aux terreurs inspirées par un Tribunal fanatique, à la superstition qui a multiplié les Moines et les célibataires, à l'ignorance, à la foiblesse des derniers Monarques Autrichiens, à des guerres extérieures et dispendieuses, aux fréquens sacrifices que la branche espagnole de cette maison a été obligée de faire à la branche allemande. S'il falloit en donner des preuves aux juges éclairés qui m'écoutent, il suffiroit de dire que, depuis qu'une partie de ces causes n'existe plus, l'Espagne, toujours maîtresse des Indes et plus appliquée que jamais à faire valoir cette riche possession, a augmenté sa population, et même à un tel point, qu'on doit plutôt s'étonner qu'avec tant de restreintes dont le tems la délivrera sans doute, le nombre de ses habitans soit encore si considérable.

Je voudrois qu'il fût aussi aisé d'absoudre

l'Amérique du second reproche qu'on lui fait, et qui ne me paroît que trop fondé, car je ne chercherai pas à me prévaloir de l'opinion de quelques Auteurs modernes, qui veulent que la découverte du nouveau monde n'ait pas été l'origine d'une affreuse maladie, inconnue pourtant jusqu'à cette époque. Envain un célebre Médecin (1) a-t-il prétendu combattre celle du savant Astruc ; je persiste à croire que l'île de Saint-Domingue fut le foyer de ce mal terrible, et que c'est de-là qu'il fut apporté en Europe ; mais je demanderai qu'on observe du moins que ce funeste événement pouvoit arriver sans que les Européens formassent aucun établissement en Amérique. Il suffisoit du hasard, qui auroit conduit un vaisseau dans quelques-unes des îles qu'on trouve à l'entrée du golfe du Méxique. Or, il est aisé de prouver que ce hasard devoit avoir lieu tôt ou tard :

____

(1) M. Zanchès.

les Canaries et les Açores étant déjà fré-
quentées , et la navigation des Indes
occidentales ayant déjà rendu les marins
plus hardis et plus entreprenans , il seroit
arrivé tôt ou tard que quelque vaisseau
emporté par les vents alisés , auroit abordé
à quelques-unes des îles qui forment l'ar-
chipel de l'Amérique ; et soit qu'il y eût
ttouvé le même mal qui regnoit à Saint-
Domingue , soit que le peu d'étendue de
mer qui sépare les îles les unes des autres,
l'eût insensiblement engagé à pousser sa
route jusques-là , c'étoit assez d'un seul
Matelot retourné en Europe, pour y répan-
dre l'infection. Mais comment ce retour
se seroit-il operé ? par les seuls courants du
canal de Bahama qui portent les vaisseaux
assez loin dans le nord pour qu'ils y ren-
contrent les vents d'ouest, vents beaucoup
plus impétueux que les vents alisés, et qui
peuvent en moins de 12 jours ramener
un vaisseau en Europe. Il y a sans doute
bien des chances contre un pareil retour ,

mais il y en avoit encore plus pour que les îles de l'Amerique, étant frequemment visitées, il dût avoir lieu tôt ou tard. S'il suffisoit donc d'une simple relâche à quelques unes de ces îles pour produire tant de desordres, il faut se plaindre de la nature qui nous a partout environnés de piéges, et non de la découverte de l'Amérique qui, non-seulement nous a enseigné à réparer les maux qu'elle avoit causés, mais qui nous a fait trouver dans le quinquina le remede le plus efficace à d'autres maux que l'ancien monde n'étoit que trop fondé à regarder comme son propre héritage.

Mais quand il seroit vrai que la suavité de certaines productions de l'Amérique, et l'utilité de quelqu'autres, compensassent la funeste acquisition sur laquelle nous n'avons déjà que trop fixé notre attention, qui pourroit compenser les dangers de la longue et périlleuse navigation dont elles sont le prix ? Jusqu'ici la terre seule avoit été pressée de dévorer ses propres enfans, maintenant la mer qui ne leur a pas donné naissance, ne cesse de leur ouvrir un vaste tombeau, soit que courroucée contre des hôtes qu'elle n'a pas invités, elle les rende victimes des orages qui troublent son empire, soit qu'elle se plaise à corrompre les fruits d'une fécondité qui lui est étrangere, et punisse ainsi, par la disette et la maladie, l'avide ravisseur des trésors qu'elle a long-tems défendus.... Eh quoi! l'art téméraire de la navigation n'a-t-il donc pris naissance qu'à l'époque de la découverte de l'Amérique?... Mais jusques-là il étoit timide et précautionné; si l'homme cessoit de presser de ses pieds la terre où la nature avoit fixé son habitation, ses regards du moins restoient attachés sur elle, et ne s'élévoient encore vers le ciel, que pour l'implorer et non pour le consulter.... Et c'est précisément cette timide ignorance qui étoit cause de sa perte; c'est près des côtes que les naufrages sont les plus fréquens. Que de flottes submergées à la vue du rivage ! l'histoire en offre mille exemples ; sur-tout dans ces tems où la nécessité n'avoit pas encore obligé l'industrie à développer toutes ses ressources. N'en doutons pas, il y avoit plus de dangers pour les vaisseaux de *Drusus* et de *Germanicus*, à cotoyer les rivages de la Germanie, que les *Cook* et les *la Peyrouse* n'en trouvent à faire le tour du monde. Le fameux Pierre Ier. avoit coutume de dire que son intrépide rival, à force de victoires, lui apprendroit à le vaincre à son tour : notre marine moderne peut s'appliquer cette ingénieuse pensée ; car si le commerce de l'Amérique a d'abord causé quelque perte à l'humanité, c'est lui qui, en perfectionnant la navigation, a éloigné presque tout danger de celle qui existoit avant lui, et qu'on peut regarder comme absolument nécessaire. Eh ! ne voyez-vous pas que loin d'augmenter la consommation des hommes, elle en favorise par-tout la multiplication ? Parcourez, non pas la Normandie, où vous trouverez d'autres sources de prospérité, mais seulement la Bretagne, et comparez sa population avec celle de nos plus fertiles Provinces. Elle est en grande partie couverte de lande ; mais c'est une péninsule, et elle est peuplée de navigateurs. D'ailleurs, qui peut compenser les différens produits de l'agriculture ? qui donnera du blé à la Province qui ne cultive que des oliviers ? des vins à celle qui n'a que du blé ? qui secourera même celle-ci dans une année calamiteuse ? Combien de fois le Nord n'est-il pas venu au secours de nos climats si tempérés, de nos terres si fécondes ? Eh bien ! il est plus aisé de porter en France les blés de la Pensilvanie, que ceux de la Pologne et de la Russie. Jusqu'ici nous n'avons considéré l'Amérique que comme productrice des denrées de luxe et de pur agrément : habitans de l'Europe, regardez-là désormais comme une ressource assurée contre les disettes dont vous n'êtes que trop souvent affligés. Les différences en latitude n'influent guère que sur la nature des productions ; celles en longitudes ont cet avantage particulier d'en faire naître de semblables aux nôtres, mais de les faire naître sous des conditions différentes. Un vent de Nord ou de midi, s'il souffle trop longtems , peut causer depuis Pétersbourg jusqu'à Madrid , ou une sécheresse destructive, ou des pluies pernicieuses ; mais les vents qui regnent dans l'Amérique Septentrionale sont, ou opposés à ceux que nous éprouvons, ou productifs d'effets différens. Le nord-ouest qui nous annonce les pluies ou les orages, y répand la sérénité , et les vents d'est à qui nous devons nos beaux jours, ces zé-phirs que les Poëtes ont tant célébrés, y portent la neige, la grêle et les tempêtes.... Ainsi l'un des deux hémispheres peut toujours venir au secours de l'autre..... Répondez maintenant ; tant d'avantages réunis ne trouveront-ils pas grace pour des

inconvéniens passagers dont l'effet s'atté-
nue tous les jours ?....

Mais trop plein de mon sujet, et en-
traîné par l'abondance des preuves qui
viennent appuier mon opinion, je sens
que je les accumule en trop grand nombre,
et que je parle encore, tandis qu'on est
déjà convaincu. Cependant de nouveaux
devoirs me sont imposés : l'ami, le bien-
faiteur de l'humanité, qui a voulu encourager nos efforts, prévoyant, sans doute,
quel en seroit le résultat, a desiré que dans
le cas où la découverte de l'Amérique auroit été reconnue utile et favorable à l'Europe, on développât les moyens de multiplier les avantages, comme aussi de
diminuer les inconvéniens qui en peuvent
résulter ; car où peut-il exister sur la terre
un bien qui ne soit mêlé de mal ? Avoir
rempli la premiere partie de cette tâche,
c'est être bien avancé dans la seconde.
Telle est, en effet, l'heureuse union des
principes de la raison et de l'humanité

avec

avec ceux d'un intérêt bien entendu, que le resultat doit toujours en être le même, et que le motif seul des actions distingue l'homme de bien du spéculateur habile.

Une partie du continent de l'Amérique et presque toutes les îles sont mal saines à habiter ; une partie du continent de l'Amérique et presque toutes les îles sont cultivées par des esclaves, et ces esclaves sont plus malheureux que l'état même de la servitude ne le comporte. Voyons comment les lumieres de la raison et de l'intérêt parviendront peu-à-peu à remédier à cet inconvénient.

Posons d'abord pour principe, que si quelque lieu en particulier peut-être malsain pour ses habitans, nulle contrée en général ne peut l'être pour les races auxquelles elle a donné l'existence, ou pour celles qu'un long espace de tems a pu, en quelque sorte, leur assimiler. Lorsque les Européens s'établirent dans les îles de l'Amérique, les premiers Colons, pour la

D

plupart composés d'aventuriers et de gens livrés au vice et à la débauche, se trouverent aussi mal préparés pour habiter ces nouveaux climats, que peu habitués à leur influence. D'un autre côté, l'ignorance et l'avidité furent longtems sans leur permettre de choisir, pour les cultiver, les endroits où l'air devoit être le moins pernicieux. Que le terrein fût sec ou marécageux, exposé à des vents malfaisans, ou à des brises rafraîchissantes, le lieu le plus propre à la production des *cannes*, le plus près de la mer et des *embarcadères*, fut toujours préféré. Si de funestes épidémies venoient à enlever les maîtres et les esclaves, la cupidité les remplaçoit aussi-tôt par d'autres imprudens et par d'autres malheureux. Eh ! pourquoi voudroit-on qu'elle eût une autre marche dans le nouveau monde que dans l'ancien ? Le climat pernicieux de la basse Egypte empêche-t-il nos négocians de s'y établir, et la peste qui a détruit tant d'armées Russes ou Allemandes, ôte-t-elle aux Puissances voisines de l'Empire Ottoman, le desir d'envahir ses frontières? Cependant il arriva dans les îles, que les meilleures terres ayant déjà des possesseurs, les nouveaux aventuriers furent obligés d'entreprendre des défrichemens plus pénibles, et le besoin d'eau, presque général dans ces contrées, engagea à lui ouvrir des canaux, et à lui donner un nouvel écoulement. De proche en proche, la culture s'étendit jusqu'aux endroits qu'on avoit d'abord négligés, jusqu'à ces marais dont les vents portoient au loin les dangereuses exhalaisons. Regle générale, en Amérique comme en Europe : toute terre inculte est malsaine à habiter ; toute terre bien défrichée et généralement cultivée, est exempte de cet inconvénient. Aussi les progrès de l'Agriculture sont-ils déjà, pour la Martinique, la Guadeloupe et Saint-Domingue, et seront-ils un jour, pour Sainte-Lucie et Portorico, les meilleurs moyens d'assainir ces contrées. Mais où trouver ceux d'augmenter l'Agriculture ? Dans la multiplication des bras qui en sont les instrumens presque exclusifs. Si l'avarice a mieux aimé, pendant longtems, forcer le travail de ces bras, que d'en augmenter le nombre, il faut déplorer cette iniquité, comme nous déplorons toutes celles dont les hommes se sont rendus coupables ; mais il faut aussi se féliciter de pouvoir espérer, d'entrevoir déjà les tems où l'humanité, la raison et la bonne économie, reprendront enfin leurs droits longtems oubliés ; et c'est encore ici que les progrès du commerce serviront de remede aux maux qu'il a causés. Plus le commerce fleurit, plus il forme de capitaux ; et ce sont ces capitaux qu'on employera à la multiplication des Nègres, et aux progrès de l'Agriculture ; et remarquez que la salubrité du climat n'est pas le seul avantage qu'on doive envisager dans cette amélioration ; car si d'un côté, l'augmentation des Nègres entraîne celle des défrichemens ; de l'autre, elle ne peut manquer, tôt ou tard, d'amener quelque soulagement dans le sort de ces malheureuses victimes de notre avidité ; car c'est souvent la disproportion entre la matiere du travail et le nombre des Ouvriers, qui engage à les surchager. D'ailleurs, plutôt la culture sera perfectionnée, plutôt aussi les bénéfices qu'elle offrira rentreront-ils dans une espece d'équilibre qui, en augmentant la richesse générale, diminuera les fortunes particulieres ; de sorte que les espérances de l'avarice étant moins prochaines et moins étendues, les moyens de les réaliser seront aussi plus doux et plus humains.

Ce n'est pas tout ; ces nombreux capitaux employés à l'achat des Nègres, en rendront bientôt l'acquisition très-difficile. Les marchés n'en seront plus si bien fournis ; que dis-je ! l'Afrique même ne pourra suffire à cette demande. Hélas ! faut-il, à la honte de l'humanité, que nous soyons obligés d'attendre cette époque, pour voir le Colon tourner tous ses soins, toute son attention vers la conservation de ses Esclaves ? Faut-il, faut-il même que l'esclavage continue de dégrader le commerce et de corrompre ainsi la source de la prospérité publique !.... Je vois, Messieurs, votre attention redoubler ; je vois vos cœurs s'ouvrir à tous les sentimens de justice et de compassion que ce texte, déjà si bien traité, ne peut manquer de réveiller : mais si le respectable fondateur du Prix que j'ose ambitionner, a voulu laisser à ses disciples le plaisir de s'exercer sur une grande question qu'il lui étoit aussi aisé de résoudre que de proposer, il n'a pas supposé, sans doute, qu'ils seroient assez téméraires pour mettre un pied profane dans la lice où il s'est si bien illustré. Et quelles nouvelles ressources l'éloquence même pourroit-elle offrir à celui qui voudroit, ou faire couler nos larmes sur la victime infortunée, ou tonner contre son injuste oppresseur ? M. l'Abbé Raynal a enseigné aux hommes ce qu'ils doivent faire ; moi, je dirai ce qu'ils feront un jour. J'ose l'espérer, la Philosophie, dont la voix ne se fait entendre que lorsque l'intérêt ne parle pas trop haut, la Philosophie profitera de cette époque où l'avidité commencera à être resserrée dans ses moyens et dans ses vues ; elle se liguera avec la sage économie qui ne lui est pas étrangere, et tandis que l'une reprochera à l'habitant d'opprimer celui qu'il doit regarder comme son semblable, malgré l'état abject où il le voit réduit, malgré sa couleur qui le fait presque méconnoître ; l'autre l'avertira que cet instrument de sa fortune est d'autant plus précieux à conserver, qu'il est plus difficile à remplacer ; elle lui fera observer qu'un travail doux, un aliment convenable, en rendant le Nègre plus heureux, le rendra aussi plus utile. Eh ! quels droits n'a-t-elle pas maintenant de lui tenir ce langage ! Econome timide ou aveugle, lui dira-t-elle, écoutez la leçon que vous donne l'économe général, le ministre éclairé, qui, non content de vous avoir assuré à jamais la conservation de votre propriété, veut encore vous offrir les moyens de la faire prospérer. Il n'existe plus ce régime exclusif et destructeur, qui vous forçoit à n'acheter qu'à un prix inaccessible, les choses les plus nécessaires, de n'acheter que dans les lieux où souvent on ne vouloit, ou ne pouvoit pas vendre. Une admission sage et précautionnée de l'étranger, un encouragement libéral donné à vos compatriotes, assureront désormais à vos esclaves une subsistance aisée. Quel prétexte vous resteroit-il donc pour les tenir dans la misere ? Envions, Messieurs, mais bénissons l'autorité, en voyant combien, par un seul exercice de sa puissance, elle peut produire de biens à la fois, et accélérer les heureuses révolutions que nos desirs osoient à peine appeller.

Toutefois la législation n'a pas encore pu, et ne pourra peut-être de longtems, proscrire l'esclavage; mais elle commence à l'adoucir, et l'adoucir, c'est travailler à le détruire. Je m'explique; tout homme qui a connu les Colonies et pénétré dans les détails de leur exploitation, sait que d'un côté, le Nègre élevé sur l'habitation est mieux traité que le Nègre étranger; et de l'autre, que cet esclave est plus attaché, plus fidele, plus susceptible de se perfectionner. Ce sera donc déjà un grand pas de fait, lorsque le bon traitement des Nègres créoles en ayant favorisé la multiplication, on ne sera plus obligé de se recruter par de continuelles importations. Ce n'est pas tout encore; ces Nègres domiciliés étant élevés dans nos mœurs, dans nos principes, formeront bientôt dans l'habitation, une espece de famille où les rapports du maître avec l'esclave seront plus doux et plus humains. Le blanc perdra de son orgueil, le Nègre de son abjection ; et lorsqu'un certain laps de tems aura perfectionné cette population étrangere , qui est-ce qui empêchera qu'on ne lui cede une part, un intérêt dans le profit de son travail ; qu'on ne fasse du Nègre, non pas d'abord, un fermier ou un journalier absolument libre, mais un serf attaché à la glèbe, et même, car je ne veux pas mettre de borne à mes espérances, qui est-ce qui empêchera qu'un jour le serf noir ne soit affranchi comme l'a été le serf européen ?

Dans ces heureux progrès des Colonies, j'entrevois encore de grands avantages pour la métropole. Cessant désormais d'être bornée dans ses spéculations, au privilége tyrannique d'approvisionner de simples atteliers de cultivateurs, où la cherté rendoit l'épargne nécessaire et limitoit la consommation , elle trouvera chez un peuple aisé et poli, de nombreux chalans pour le produit de ses arts et de ses manufactures. L'industrie françoise, qui précede toujours celle des autres nations, mais qui doit tôt ou tard être imitée, ne craindra pas de voir un jour ses agens sans emploi; à mesure qu'elle perdra ses droits sur la terre étrangere, elle en acquérera sur la terre coloniale, et, grace à l'étendue et à la diversité de nos possessions, elle ne sera plus obligée désormais de fonder sa prospérité sur l'ignorance des autres nations; ses seules institutions, ses propres loix lui suffiront pour s'assurer à jamais tous les avantages du commerce extérieur, et de la navigation, qui en est l'agent nécessaire.

A ces réflexions, dont il est aisé de prévoir le développement, ajoutons en une qui est peut être digne, et du Philosophe qui a proposé la couronne, et des Juges qui doivent la décerner. Jusqu'ici nous n'avons envisagé les Colonies que sous leur rapport avec le commerce en général, et la prospérité publique qui en est l'effet : disons maintenant qu'elles sont nécessaires à toute nation déjà vieille ; et par ce mot *vieille*, j'entends celle où la population est nombreuse, où les richesses sont considérables et inégalement distribuées, où la subsistance d'une grande partie du peuple, est difficile et précaire, enfin une nation telle que la France ou l'Angleterre. Là, il existe une espéce de rotation rapide, dans laquelle se fait sentir non-seulement une force centrale, qui condense et qui retient, mais aussi une force centrifuge qui repousse et qui disperse. Dans cette véritable roue de fortune, le plus grand nombre d'individus suit exactement ses révolutions, mais d'autres sont jettés hors de cette sphere d'activité : souvent les mains du pauvre ne peuvent retenir l'appui qu'elles ont saisi ; souvent le riche tombe du siége commode où il étoit assis. Autour de cette roue fatale, on voit errer sans cesse des malheureux, les uns privés de leurs trésors, les autres de leurs illusions ; tous s'empressent, tous s'efforcent de remonter, et si le crime est le seul échelon qui leur reste, il est bien à craindre qu'ils n'en fassent usage. Mais l'espérance, qu'ils ne vouloient plus croire, après avoir été si souvent trompés, se présente ici sous une autre forme : revêtue d'un habit étranger, entourée de productions inconnues, elle les appelle sur le rivage, et leur montre un vaisseau prêt à mettre à la voile ; ils accourent en foule ; ils partent, et souvent leur attente n'est pas déçue ; mais toujours la métropole est délivrée de leur activité inquiète, ou de leur désespoir aussi dangereux pour leurs compatriotes que pour eux - mêmes. Voyez cette source dont l'onde timide trace parmi les cailloux une route oblique et laborieuse ; par-tout où vous voudrez puiser, vous la trouverez douce et salutaire ; mais si sa pente l'entraîne vers quelque large bassin, terme fatal de sa course, elle y perdra bientôt sa pureté et sa limpidité ; et si vous voulez que l'ornement de vos jardins n'en

devienne pas l'infection, faites que cette
eau prisonniere conserve une secrette issue,
qui lui rende encore quelqu'apparence de
mouvement et de liberté. La population
européenne est cette onde entourée d'obs-
tacles et toujours prête à se corrompre ou
à déborder ; les Colonies sont la décharge,
l'égoût nécessaire par lequel le trop plein
doit s'écouler. Pénétré de cette vérité, je
souhaite même que la France ne se contente pas de celle où l'industrie ne peut
se passer des capitaux, où la richesse n'est
appellée que par la richesse ; il lui en faut
où le travail suffise pour assurer une existence heureuse, où la propriété territoriale
se prodigue à celui qui ne pourroit y prétendre en Europe, et sous cet aspect, le
Canada nous manque encore. La Guiane
seule peut le remplacer, et le Gouvernement ne sauroit trop tourner ses vues de
ce côté-là ; car ce n'est que par le Continent que Cayenne doit prospérer , et
ce Continent, qui est sain par lui-même,

(63)

n'attend que des défrichemens pour ouvrir
un asyle aussi salutaire qu'agréable et fé-
cond.

Ainsi la découverte de l'Amérique a
été utile aux nations européennes.

1°. Parce qu'en donnant plus d'activité au commerce, en y introduisant une
denrée privilégiée, qui a tous les avantages des métaux monnoyés, sans en
avoir les inconvéniens, elle a multiplié
les échanges, augmenté les besoins du
riche, et ajouté aux moyens par lesquels
l'industrie parvient à recouvrer une part
dans la propriété.

2°. Parce qu'en créant de nouvelles richesses sur la surface du globe, elle en
a augmenté la circulation, et même la
compensation ; car plus on fait entrer de
poids différens dans la balance, plus il
est aisé de trouver l'équilibre.

3°. Parce que dans l'époque où cette
découverte s'est trouvée placée, dans ces
tems désastreux, où le despotisme mi-

litaire s'étoit arrogé l'empire de la terre ; où la guerre étoit le seul moyen de la cupidité, et la conquête son seul objet, il étoit nécessaire de tourner ses vues d'un autre côté, et de substituer l'équilibre de la richesse à celui du pouvoir.

4°. Parce que l'Amérique a ouvert un vaste asyle à la vertu persécutée, à l'ambition déconcertée, au crime flottant entre le désespoir et le repentir ; de sorte qu'on lui doit à la fois, la conservation de l'homme de bien, l'exil de l'homme méchant, et l'amélioration de l'homme vicieux.

5°. Parce que tandis que son commerce et ses productions particulieres augmentent le travail et redoublent l'activité dans l'ancien monde, l'abondance de celles qui sont communes aux deux hémispheres, mais qui naissent à une grande distance et croissent sous d'autres conditions, le rassure désormais sur l'inclémence des saisons et sur les disettes qui en sont les sinistres conséquences.

Et si l'on craint encore d'avoir acheté trop cher de si grands avantages , si ou déplore d'un côté , les nombreuses victimes d'un climat brûlant et d'une émigration inconsidérée , et de l'autre, le renouvellement d'un usage barbare , que notre religion et nos mœurs avoient proscript; éclairés et rassurés par nos réflexions, nous sentirons que ces maux attachés à la prospérité même , tiennent moins à la découverte de l'Amérique, qu'à l'époque de cette découverte; que la Médecine instruite par l'expérience et par de nouveaux objets de comparaison, commence à remédier aux maladies qui nous viennent de cet hémisphere, tandis qu'elle y trouve de puissants secour scontre celles qui ont toujours été notre partage; nous nous persuaderons que les progrès de la culture adouciront l'ardeur, ou préviendront les malignes influences d'un climat brûlant, et que ceux de la raison et de l'humanité allégeront bientôt l'esclavage, et finiront un jour par le détruire. Vous

E

en avez donné l'exemple, vous qui suffi-
sez seuls pour faire bénir la découverte
de l'Amérique, vous que je n'ai pas encore nommés, parce que votre idée ne
peut être réveillée sans exciter un saint
enthousiasme, et que ne voulant triompher que par la seule discussion, par la
simple analyse, j'ai craint de parler au
cœur avant d'avoir convaincu l'esprit. Illustres défenseurs des droits les plus sacrés
de l'homme, de la liberté, de la propriété
et de la tolérance ; dignes alliés de notre
Roi, dignes amis de notre nation ! vous
avez régénéré tout le Continent, dont
vous n'avez peuplé qu'une partie ; par vos
vertus, vous avez expié trois siécles de
crimes et d'horreurs. Aussi l'ombre du
grand Colomb a-t-elle quitté ces coupables
contrées où elle a longtems pleuré sur sa
gloire, et détesté son immortalité : elle
plane maintenant sur vos têtes innocentes,
avant de s'élever vers le ciel, où elle a
droit enfin d'attendre une couronne. Que

vos sages délibérations servent de règles à notre conduite. Par-tout où les Nègres n'étoient que des esclaves domestiques, par-tout où ils vivoient mêlés avec les blancs, dans une juste proportion, vous leur avez déjà donné, ou vous êtes prêts de leur donner la liberté ; et dans ces contrées plus méridionales, où la nature du climat et des productions avoit engagé à établir ces grands atteliers d'agriculture, qui font du peuple noir une nation entiere au sein d'une autre nation, votre sagesse et votre humanité ont des longtems arrêté les progrès d'un systême qu'elles réprouvent ; la crainte d'encourager un commerce infâme vous a fait défendre toute importation de Nègres étrangers. Notre héritage, avez vous dit, ne sera pas le prix du sang et des larmes ; et ce n'est qu'avec le plus sensible regret, que vous voyez encore ces nombreux esclaves que leur propre intérêt vous empêche d'affranchir. Moins occupés de profiter de leur

captivité, que des moyens de les en dé-
livrer, c'est vous seuls désormais que l'esclavage opprime et tourmente..... Et nous
vantons encore les anciens Romains! Que
le plus vertueux d'entr'eux s'avance; c'est
ce censeur redouté, ce modele des ci-
toyens, des peres de famille : nous n'osons
répéter les avis qu'il donne sur le traitement qu'on doit faire aux esclaves. O
Patrie des Franklin, des Washington, des
Hancock, des Adams! qui pourroit desirer
que tu n'eusses pas existé, et pour eux et
pour nous! eh quel François ne doit pas
bénir cette contrée où se sont manifestés
les premiers auspices du régne le plus
prospere, où il a vu croître le premier
laurier dont son jeune Monarque a couvert
son front révéré!

F I N.

feront enregiſtrées tout au long ſur le Regiſtre de la Communauté des Imprimeurs & Libraires de Paris, dans trois mois de la date d'icelles ; que l'impreſſion dudit ouvrage ſera faite dans notre Royaume & non ailleurs, en bon papier & beaux caractères ; que l'Impétrant ſe conformera en tout aux Réglemens de la Librairie, & notamment à celui du 10 Avril 1725, & à l'Arrêt de notre Conſeil du 30 Août 1777, à peine de déchéance de la préſente Permiſſion ; qu'avant de l'expoſer en vente, le manuſcrit qui aura ſervi de copie à l'impreſſion dudit ouvrage ſera remis dans le même état où l'Approbation y aura été donnée ès mains de notre très-cher & féal Chevalier Garde des Sceaux de France, le ſieur DE LA MOIGNON, qu'il en ſera enſuite remis deux exemplaires dans notre Bibliotheque publique, un dans celle de notre Château du Louvre, un dans celle de notre très-cher & féal Chevalier Chancelier de France, le Sieur DE MAUPEOU, & un dans celle dudit Sieur DE LA MOIGNON, le tout à peine de nullité des Préſentes ; du contenu deſquelles vous mandons & enjoignons de faire jouir ledit Expoſant & ſes ayans cauſe pleinement & paiſiblement, ſans ſouffrir qu'il leur ſoit fait aucun trouble ou empêchement. Voulons qu'à la copie des Préſentes, qui ſera imprimée tout au long, au commencement ou à la fin dudit ouvrage, foi ſoit ajoutée

comme à l'original. Commandons au premier notre Huissier ou Sergent sur ce requis, de faire pour l'exécution d'icelles, tous Actes requis & nécessaires, sans demander autre permission, & nonobstant clameur de Haro, Charte Normande, & Lettres à ce contraires : car tel est notre plaisir. DONNÉ à Versailles le douzieme jour du mois de Juin, l'an de grace mil sept cent quatre-vingt-sept, & de notre Regne le quatorzieme. Par le Roi en son Conseil. *Signé* LE BEGUE.

Registré sur le Registre vingt-trois de la Chambre Royale & Syndicale des Libraires & Imprimeurs de Paris, N° 1204, fol. 263, conformément aux dispositions énoncées dans la présente permission ; & à la charge de remettre à ladite Chambre les neuf Exemplaires prescrits par l'Arrêt du Conseil du 16 Avril 1785. A Paris le 16 Juin 1787. Signé KNAPEN, *Syndic.*